ネパールの生活と文化

——教育支援（ＮＧＯ）を始めて

後　恵子

ネパールの生活と文化 ——教育支援（ＮＧＯ）を始めて

目次

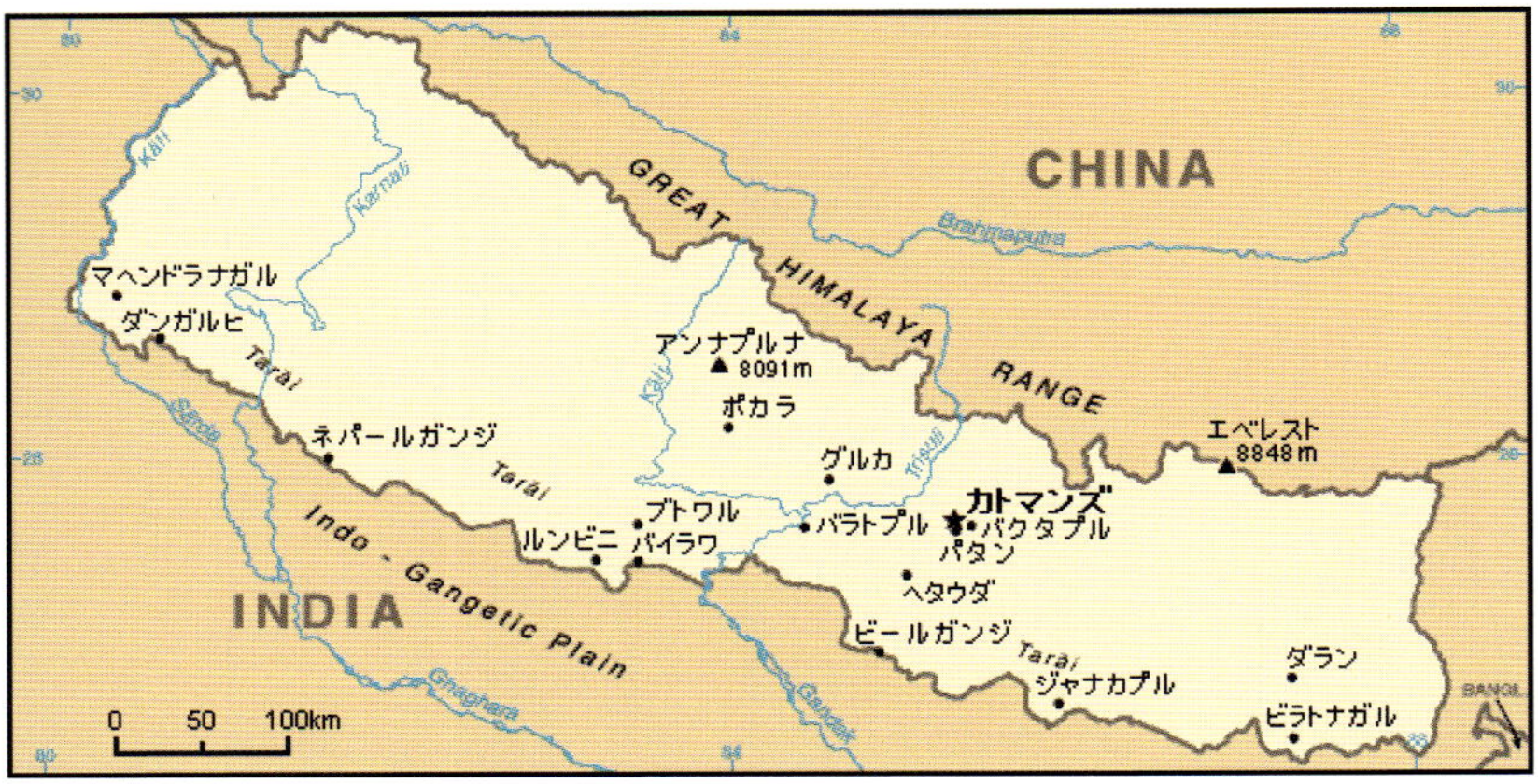
CHINA
GREAT HIMALAYA RANGE
Brahmaputra
Kāli
Karnali
Tarāi
INDIA
Indo - Gangetic Plain
Ghaghara
Gandak
Trisuli
マヘンドラナガル
ダンガルヒ
ネパールガンジ
アンナプルナ
8091m
ポカラ
グルカ
ブトワル
ルンビニ
バイラワ
バラトプル
カトマンズ
バクタプル
パタン
ヘタウダ
ビールガンジ
ジャナカプル
エベレスト
8848m
ダラン
ビラトナガル
0 50 100km

ネパールの生活と文化

――教育支援（ＮＧＯ）を始めて

毎日停電の生活

一九八七年にフォスターチャイルドを訪ねて、はじめてネパールに行った。二〇一〇年には二十三年ぶりに、四月に九日間、十月と十一月に四十一日間の合計五〇日を、ネパールの首都カトマンズに滞在した。

一九八七年にはオートバイをほとんど見たことがなく、車もちらほら走っている状態だったが、二〇一〇年には夥しい数の

1987年カトマンズの大通り

オートバイと古い車が排気ガスを撒き散らして走っていく。大通りに信号機がなく、動物的皮膚感覚の鈍化した私は道路が渡れない。誰かが渡るのを待って、なんとか一緒に渡った。あるときには、警官に頼んで車を止めてもらった。ネパール人に言うと、「VIP並みだね」と言われたが、少し慣れると感覚がつかめるようにはなった。野良犬でも車をぬって、道路を上手に渡っている。

信号機があっても停電が多く、役に立たない。

四月の滞在ではホテルに泊まったので、停電に備えて、自家発電でバストイレ室と、寝室は一箇所の小さい電灯だけだったが、電気がつくようになっていた。

十月と十一月は、比較的お金持ちが住んでいるところで、一般住宅の部屋を借りたのだが、ネパール人に月曜日から日曜日まで（ネパールは土曜日が休日なので、日曜日から土曜日までと言ったほうがいいかもしれない）の停電時間帯を聞いた。携帯電話で調べられる。

夜七時から停電予定になっているのに、ある週は六時半だったり、六時からだったりと、厳密にやっていないから、いつも懐中電灯を持っていなければならない。私がいた間は一日二時間の停電だったが、冬には一〇時間以上も停電になるらしい。電気

2010 年カトマンズの大通り①

2010 年カトマンズの大通り②

のありがたみが身にしみた。停電は昼間だったり、夜間だったり、停電なしの日も週に一日あった。停電なしの日でも、停電になったこともあった。

真っ暗な中で、目がそんなに良くない私は懐中電灯で読み物をしたくなく、夕食がすむと、七時半や八時から寝ていた。ほとんど毎日が長時間の睡眠で、日本で溜まっていた疲労がとれたのは嬉しいが、あまり寝てばかりいると認知症にならないか心配だ。

夜は暗くて、とてもシャワーを浴びることができず、いつも昼間にすます。「日本人は毎日シャワーを浴びるの？　ネパールでは週二回よ」経済的に豊かな中年女性ラクシュミ・シュレスタさんは言う。

部屋を借りた家では、充電式の小さな懐中電灯が一つしかなく、台所で母親が料理を作ったり、皆が食事をするのに使うと、一〇時間以上停電するときには、二人の娘は宿題もできないと嘆いていた。私が日本から持っていったＬＥＤの懐中電灯を、帰国するときにあげるから勉強できるよと、私は二人を励ました。

そんな電気事情から、治安はあまり悪くもなかったが、でこぼこ道の足元が不安で、友人に会っても夕方の時間がひどく気になり、暗くなってくる空と時計ばかり見ていた。いつも暗くなる前に、急いで帰宅した。

先進国は原子力発電があり、停電することはないが、東日本大震災のような想定を越える事故は起きる。地球環境のためにも、快適な生活は我慢することを考えねばならないが、毎日一〇時間以上も停電すると、昔のような不便な生活に耐えられるだろうか。

郵便事情（一）

ネパールで一番困るのは、郵便局がほとんどないということ。郵便ポストは一つもない。識字率が五〇パーセント以下のためか、郵便局など使わないし、信用もしていない。もちろん各家庭に郵便箱もない。新聞を配達してもらっている家は、道から門の上に投げ入れる。

私は初めのうち何度も郵便局を探して、通りで警備をしている警察官に、「近くの郵便局はどこにありますか」と尋ねたが、警察官は、「アメリカ大使館？　スリランカ大使館？」の返答。

近くにアメリカ大使館とスリランカ大使館があり、私は「ポストオフィス」と英語で言って、ジャパンと英語で書いてある一〇枚の絵葉書を見せたが、郵便局の意味がわかっていない。あるときには私は「アメリカ人じゃない。

「日本人だ」と言うと、「日本大使館は反対方向」と言われた。私は頭にきて、何度もネパール人に、

「ネパール人は手紙を書かないの？」と尋ねた。

「携帯電話があるし、パソコンのメールもできる」と若者は言う。

「二十三年前にネパールに来たとき、家に電話を持っているところはなかった。事務所か、政府関係者だけしか電話がなかった。そのとき、あなたたちが田舎から首都のカトマンズに出てきて、両親と何で連絡をとったの？　今でも、書類などを送るのはどうするのよ」私は苛立っていた。誰も反論しない。

あとで年配者は字を書くことも読むこともできない人が多いと聞いて、手紙を送ることなどできないのがわかった。田舎では特に女性がひどく、三十代という若い女性でさえ、貧しかったので学校へ行かせてもらえず、字が書けないのだ。今では首都カトマンズの私立学校は、小学校でも英語が教えられており、英語でのコミュニケーションができる。

カトマンズ唯一のティーチングホスピタルは、医科大学と附属病院があり、海外からの留学生がいるので、近くに郵便局があると聞いた。周辺に小さな薬局店がたくさ

んあり、薬局の店主たちは皆、どこに郵便局があるか知っていた。

何度か道順を聞いてやっと辿りついたが、小さな部屋のカウンターの後ろに男性が一人、手持ち無沙汰の風情だった。絵葉書に貼る切手は空白が少なく何枚も貼れないので、金額相当の一枚の切手が品切れ、他のところへ行ってくれと言う。その郵便局には、私がいる間、誰も利用者はいなかった。

「日本から手紙を送るから、住所を知りたい」と私が言うと、正確な自分の住所がわからない。ハウスナンバーは家の前に行って見てくるので待っていてほしいと言うから、私はあっけにとられる。

日本から送る普通便の住所のところに、電話番号も書いておいてほしいと言う。郵便局から電話があって、取りに行ったという。電話番号を書かなかったら、宛先不明と戻ってきた。クリスマスプレゼントに小さなカレンダーを送ったが、届いてないようだった。戻ってもこなかったので、郵便局員が盗んだのかと疑問を抱く。書留にしない普通の航空便は、そのあと電話番号も書いておいたが二度戻ってきたので、私は頭にきて、私書箱を開けてもらった。

会社は皆、私書箱を開けている。個人でも開けることはできるが費用がかかり、維持するのに毎年更新料がいる。ネパールの物価水準では安くない費用がかかる。民間より政府がやっている事業のほうがひどい。

ネパールの人は手紙を書かないためか、封書の書き方も、切手を貼る位置も信じられないところに貼ってある。切手は封書の裏の糊で封をしたところに、封を開けないようにという意味かと思えるように貼ってある。または宛先の住所と差出し人住所が、並んで書いてある。

首都カトマンズの町の地図を見ると、地域名の大体の位置は書いてあるが、大雑把で番号も何も書いていない。

日本の昔も地域の町名はあったが、詳しい番地の表記はかなり最近で、一九八〇年代前半でも、私は住所だけでは訪問する個人宅を簡単に見つけられなかった。どうしてもわからなかったら、近くの交番に行って、周辺の名前の入った地図でさがしてもらったが、一度は地図にもなく、警官がおかしいなと首を傾げた。今では訪問する家を前以て店名とかポストの目印、何番目の信号を右か左に折れてとかを電話で聞いておくか、地図を描いてもらっている。

日本の番地の表記は昔はわかりにくかったが、それでも郵便配達人はほとんど確実に配達してくれた。

東日本大震災の前日に、震災のひどかった町から投函した葉書が、ポストのあった建物は津波にのまれたのだが、かなり遅れて東京や大阪まで届いた感動を、新聞の投書欄に書いている人がいた。泥のついた葉書は透明な袋に入れられ、「津波被災で配達が遅れ申し訳ありません」とわび状まで添付されていたとのこと。安い切手代でこの丁寧さは、手紙をよく出す私には、ほんとうにありがたい。

私が一九七〇年代前半に住んでいた英国やドイツは、地図を手に入れれば、ストリート名が全部書いてあり、番地も順番に打ってあって、はじめて訪れる場所も外国人でさえ簡単に見つけられた。

カトマンズを旅行した日本人が絵葉書を買った大きな土産物店で、「切手もあるし、毎日郵便配達人が来るから出してあげる」と言われ、目の前で切手も貼ってくれたが、三枚出した絵葉書がどれも日本に到着しなかったと言う。私も絵葉書を買った店で、同じようなことを言われ、たくさんの外国人からこれだけ預かっていると絵葉書を見せられたが、「あなたの店ではないかもしれないが、知人が出した絵葉書が日本に届かなかった」と断った。

万国郵便協定はあるが、発展途上国の多くは、書留にしなければ郵便は盗まれることが多い。安くない切手は売れるのだ。

カトマンズの高級住宅地

ネパール人がどんな生活をしているのか知りたく、大使館や大統領や首相官邸などがある地域で部屋を借りたが、短期間滞在には不便だった。

まず、お金の両替であるが、ネパールの銀行は十時から十五時までしか開いていない。銀行のＡＴＭはあったが、住宅地で銀行は見なかった。外国人観光客の多い中心街にはホテルも多く、周辺に両替屋がたくさんあって、朝早くから夜遅くまで店は開いているし、交換率もいい。

レストランも中心街にはいろいろな洒落たのがあるが、住宅地にはあまりなく、女性には入りにくそうな店もあった。道路沿いにカーテンで仕切って、両壁にベンチ型の椅子と細長いテーブルを置いてあるだけ。いつ見ても、店に誰もいないか、男性たちだけが飲食している。

「ヨーロッパ式パン屋」があると聞いて、パンを買いに行った。その店の奥にテーブルが一つ、椅子が二脚あり、そこでパンを食べられるようになっていた。ピザを買ったときは、電子レンジで温めてくれるので、そのテーブルで食べた。飲み物もあり、いつも無難なファンタオレンジを注文。日本にいるときより食事の量は少ないが、高カロリーの物ばかり食べていたので、運動量が多いのに、太ってしまった。

その店は大きくもなかったが、小綺麗で、パンの種類もかなりあったが、いつ行っても買い物客はほとんどいなかった。テーブルで食べている人も、一度だけ男の人を一人見ただけだった。

絵葉書や土産物も高級住宅地周辺に売っているところはなく、中心街まで行かなければならない。私はネパール語ができないし、バスも快適そうでなく、地図を片手に片道約二時間歩いて、中心街まで何度も往復した。

バスは出入口のステップが高く、年配の私は乗り降りにひどく気をつかう。バス停の表示がないところが多く、ネパール人から店の前で乗り降りができると聞いていたのに、すぐ近くの電柱前で待っている人がいる。私はどっちがバス停かと尋ねると、どちらも停車すると言う。三メートルくらいしか離れていない。

三輪のバタバタは、座っていても頭が天井につきそうだし、入り口のステップは高く小さく、上るのが難しいし、運転手に料金を支払わなければならないので、ネパール語のできない私はタイミングがつかみにくい。

ある夕方、満員バスに乗って帰っていると、バスは途中で急にいつものルートを変えた。乗客たちが騒ぎだし、降りて歩くという乗客が途中で降りていった。私はどこを走っているのかわからず、住宅街でタクシーが見つかるか不安で、周りの人たちに、「ロシア大使館の近くに行きますか」と尋ねると、誰も英語がわからない。ロシア大使館の長い高い塀は威圧的で、入り口付近にはいつも二、三人の警備兵が銃をもって立っている。

医科大学と附属病院があるティーチングホスピタルへ行くかと尋ねると、皆この英語はわかる。

「大丈夫、大丈夫、ティーチングホスピタルへは行く」と皆が私の不安を宥めるように言う。

暗くなりかけ、住宅街を長く歩くのは不安で、一つ手前のナショナルポリースアカデミーは、表門に英語の看板もあるから、英語がわかるだろうと思ったら、これも誰も理解できない。門のところに、いつも警察官や警備員が立っていて、隣に大統領官邸があるのに英語は通じない。

歩いて中心街まで行く間、何箇所かのゴミの山の傍を通る。野良犬や牛がそのゴミの山で食べ物をあさり、子どもまでがゴミの山から売れる物を探している。鳩が道で死んでいたが、一週間後も路上に張りついたまま。

ロシア大使館の塀のそばのゴミの山で野良牛が餌をあさっている

傍を通る車は大半が古く、排気ガスは黒く舞い上がり空気は悪い。喉が不快になるので、ネパール人は唾を吐いていく人も多く、年配の私は長期間滞在すると、病気にならないか不安になった。ネパールの人たちさえ、埃と臭いで、時々ハンカチやスカーフで口を覆ったりしている。ゴミの山は毎日同じところにあり、政府が貧しいからゴミ収集もない。どの家も高い塀に囲まれた敷地内は掃除が行き届いて、たくさんの花を咲かせ、庭は美しく保たれているのに。

空地のゴミの山の上に、ロープを張って洗濯物をたくさん乾している。洗濯物が汚くならないか心配するのは、私だけだろうか。

高級住宅街にあるゴミの山

でも中心街にはロイヤルパレス（王宮）があり、今は博物館になっているが、広い敷地の周りは比較的綺麗で歩いていても気持ちがいい。

郊外に行くと、道路は舗装されていないので、車が通ると土埃が舞い上がるが、そんな中を口を覆うでなく、人々は平気に歩いていく。

野良犬があちこちいるからか、猫はほとんど見たことがない。ゆっくり歩いていれば野良犬は何もしないが、ジョギングや走ったりすると、追いかけてくるのはオオカミの習性。

ある夜、野良犬と飼い犬がたくさん吠えてうるさかった。飼い犬に首輪をつけてつないで散歩させているのを時々見たが、西洋人だけだった。ネパール人で犬をつないでいる人は見たことがない。好き勝手に歩いたり、道端で寝ている犬ばかり見ている中で、リードをつけて犬と歩いている姿は奇異に見える。

一九八七年に比べると、個人住宅も良くなっている。部屋が広いので快適。シャワーだけの住宅が多く、私はドイツに住んでいたから、シャワーだけでも気にしないが、水しか出ない家が多い。冬の夜は零度にもなるが、水で慣れているとネパール人は言う。ぬるい湯でいいから、湯がほしい。湯の出る住宅を探した。

飲み水も水道水からは、私は飲めない。噛みがきは、以前よく海外に出ていたときには水道水でも問題なかったが、十六年間日本国にこもったまま、清潔な日本国内で抵抗力がなくなってしまい、四月のホテル滞在で、水道水で歯みがきをしたり、飲み水以外は無頓着でいたらひどい下痢になった。

ミネラルウォーターを持ち歩くための五〇〇ミリリットルのペットボトルの空を、日本から持っていった。一〇〇〇ミリリットルのペットボトルの水から、毎日継ぎ足しばかりしていたので、一度きれいにしたいと水道水で洗った。これは水道水が飲めるところにいる人間の至極当たり前の行動。あとできれいにしたのではなく、余計汚くしたのに気づいたが、それはお腹を悪くしたあとのことだった。

十月、十一月にはもう免疫がついていたのだが、用心して歯みがきにもミネラルウォーターを使った。はじめ間違って、歯ブラシを水道の蛇口で洗いかけ、あっと気づいて、アルコール付ティッシュで歯ブラシを拭き、その上からミネラルウォーターをかけて洗ったが、面倒だった。口すすぎと歯ブラシを洗うため、自分の部屋に置いてあるミネラルウォーターをコップに入れ、バストイレの部屋の洗面台に何度も往復するのは面倒で厄介だったが、運動にはなったかもしれない。

ミネラルウォーター一〇〇〇ミリリットルのボトルを毎日何本も買うのは費用がかかるから、大容量の容器（ペットボトル六〇杯分くらい）を近くの店から運んでもらい、それをひっくり返し、下に蛇口のついた容器を買ってきたが、新品なのに蛇口の締まりが悪い。はじめ、私はそんなことも知らず、翌日キッチンに行くと、床は一部水浸し。蛇口を見ると、ほんの少しだが時々、「ポトーン……ポトーン」と水が落ちている。床に受皿を置いて、たまると草木にかけてやった。

ミネラルウォーターの入った大きな容器も汚そうで、そのミネラルウォーターを鍋で沸騰させて冷ましてから、小さなボトルに入れ、持ち歩くという面倒なことを毎日やっていた。

食堂でネパール人の友人がミネラルウォーターがほしいと言って、グラスに入れた水を持ってきてくれても、「よかったら、私の分もどうぞ」と言って、私はいつも持ち歩いている自分用のペットボトルから神経質に飲んでいた。蓋のないミネラルウォーターを信用してはいけないというのが、発展途上国を旅する私の鉄則。水道水を入れているかもしれない。

日本にいるときに比べると、生活の基本部分にひどく時間をかけているような気がする。


夜中の十二時頃、笛のような音と何か叫んでいるのが聞こえ、目が覚めた。朝下宿のおばあさんが、小さなじゃがいも二、三個と五ルピーを持って出ていった。二人の若い男性が門のところで、それらを受け取った。物乞いに施しをしたのだと言っていたが、悪いことが起こらないように、夜中に呪文か経文を唱えてくれたのだそうだ。宗教行事の一種で、年二回あるという。若者は普通の服装だった。

物乞いの人たちはよく見かけたが、皆橙色の服（仏教僧と同じ色）を着て、同じ缶を持っている。同じスタイルで物乞いをしているので、ネパール人に物乞いの組合があるのかと私が尋ねると、組合なんてない、変なことを尋ねる人がいるものだと、皆笑った。

比較的裕福な人たちが住んでいる地域を歩いていると、

「日本人ですか」

中年の男性が声をかけてきた。

「日本語ができるのですか」と私が尋ねると、

「日本に一〇年住んでいた。八王子市に」と彼は言う。

「何をしていたの？」と私が尋ねると、

「クリーニング屋でアイロン掛けをしていた」と言う。

近くの四階建て一棟を買って、一階が店二店、二、三、四階は賃貸で部屋を貸しているとのこと。

「住宅が広くて、良くなったね」と私が言うと、

「皆、いろんな国に出稼ぎに行っているから、新しく家を建てるときには、いいところのをモデルにしている」と誇らしげに言う。日本の住宅は一九八七年の頃と、質が大きく変わらないのは残念だ。

同じ靴を履いて、毎日四、五時間以上歩いたので、一か月で片方の小指のところが破れてきた。いつも長距離を歩くので、足に負担のかからない履き心地の良いのを、外国製品を売っている店で探したが、良さそうな靴がみつからない。

ネパール人は男女共サンダル（日本のビーチサンダル）を履いている。穴は少しずつ大きくなるが、乾季なので雨がほとんど降らず、濡れることはなかった。しかし埃で焦茶色の靴は灰色になっている。身なりの小綺麗な外国人が、破れた靴を履いているのが不思議なのか、道端に座っている老人たちが私の靴をずっと見ている。

高級住宅街を歩いていたら、靴磨き道具を持った青年がいたので、破れた穴をどんなものでもいいから修繕してほしいと頼んだ。青年は私の靴の色とよく似た色で、靴の上から張ってくれる。道端で作業を見ていた私の隣に、オートバイに乗った中年の男性が停まって、

「日本人か。日本に行ったことがあるが、靴の穴を修繕する日本人は見たことがない」と言う。

綺麗に仕上がったので私は喜び、料金がとても安かったので倍払おうとすると、オートバイの男は、「この料金でも高いほうだ」と言う。私は五割増しで払った。

青年はにこりともしないでお金を仕舞い、オートバイの男も去っていった。

ネパール最大のお祭り

十月はネパール最大の祭り〝ダサイン祭〟があり、続いて光の祭り〝ティハール祭〟と、一か月近く学校や事務所が閉まってしまい、休暇中田舎に帰る人も多く、思うように仕事ができなかった。ダサイン祭は日本のお正月のようなもの。そのあとの光の祭り、ティハール祭にはマリーゴールドの橙色の花の輪で店や車の前を飾り、家の庭に電気の飾りをつけたり、夜には蝋燭で照らしたりと、数日であったが、明るい街になった。

夜門を開けている家もあり、子どもたちが門の

高級住宅地：ティハール祭にマリーゴールドで飾っている

肉屋の前—ダサイン祭の前

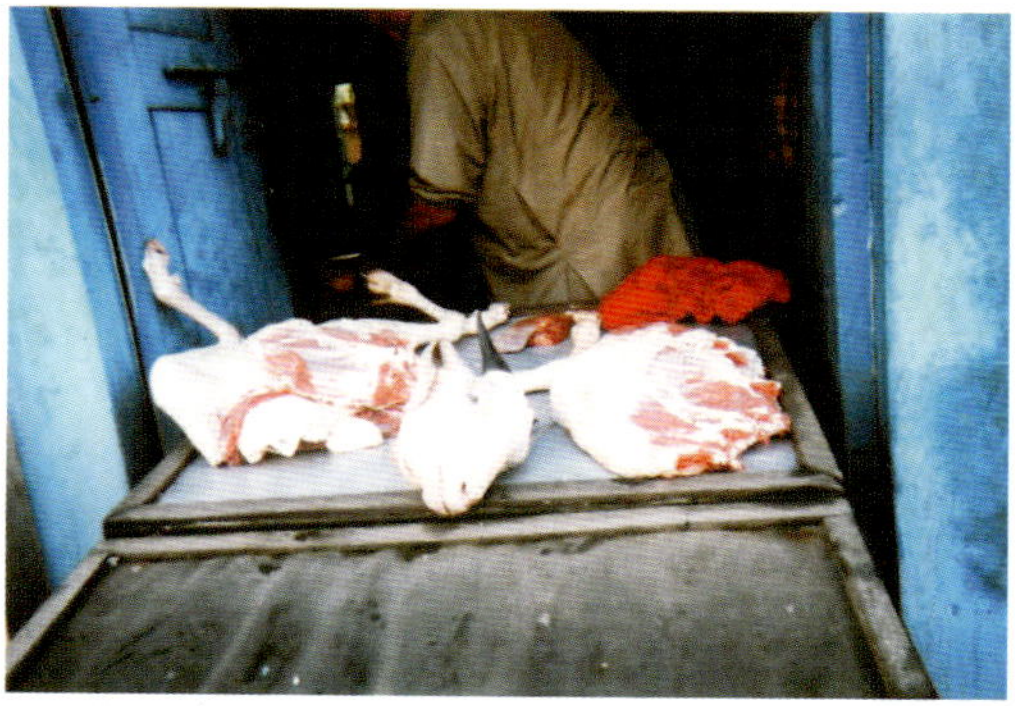

肉屋の店頭

前で歌をうたって、お金や米やお菓子をもらう。

富と繁栄の神ラクシュミを家に迎えるティハール祭に、門の前に祀り物をして、そのままにしているから、道はゴミの山になる。

大通りの道の横に、一〇匹近い山羊がいたが、ダサイン祭のあとには一匹もいなくなって、奥の肉屋の台には山羊の頭が数個見える。部屋を借りた家でも、主人は山羊を一匹買ってきて、屋上で解体した。

「山羊は私たち人間が食べられるためにある」とネパール人は言うが、鉈で首を切られても暴れるでなく、おとなしく倒れ、小さな目には苦しみも悲しみもわからない。脚の下位は骨ばかりで、肉など付いていないから捨てるのかと思ったら、ひづめを取り除いて骨をスープにするといい出汁《だし》になると、鍋に入れる。

頭を切り落としたあとでも脚はぴくぴく動き、脚を持って血を洗面器のようなもので受け、その血をあとで料理にするとのこと。首のところから空気を入れると、内蔵が膨らみ、そのあと湯をかけて全身の毛をとる。毛をとるのはとても時間がかかって、女性も手伝う。もちろん食べるのは、雄の山羊だけ。

ダサイン祭のお祝い準備① （個人の住宅の屋上で解体）

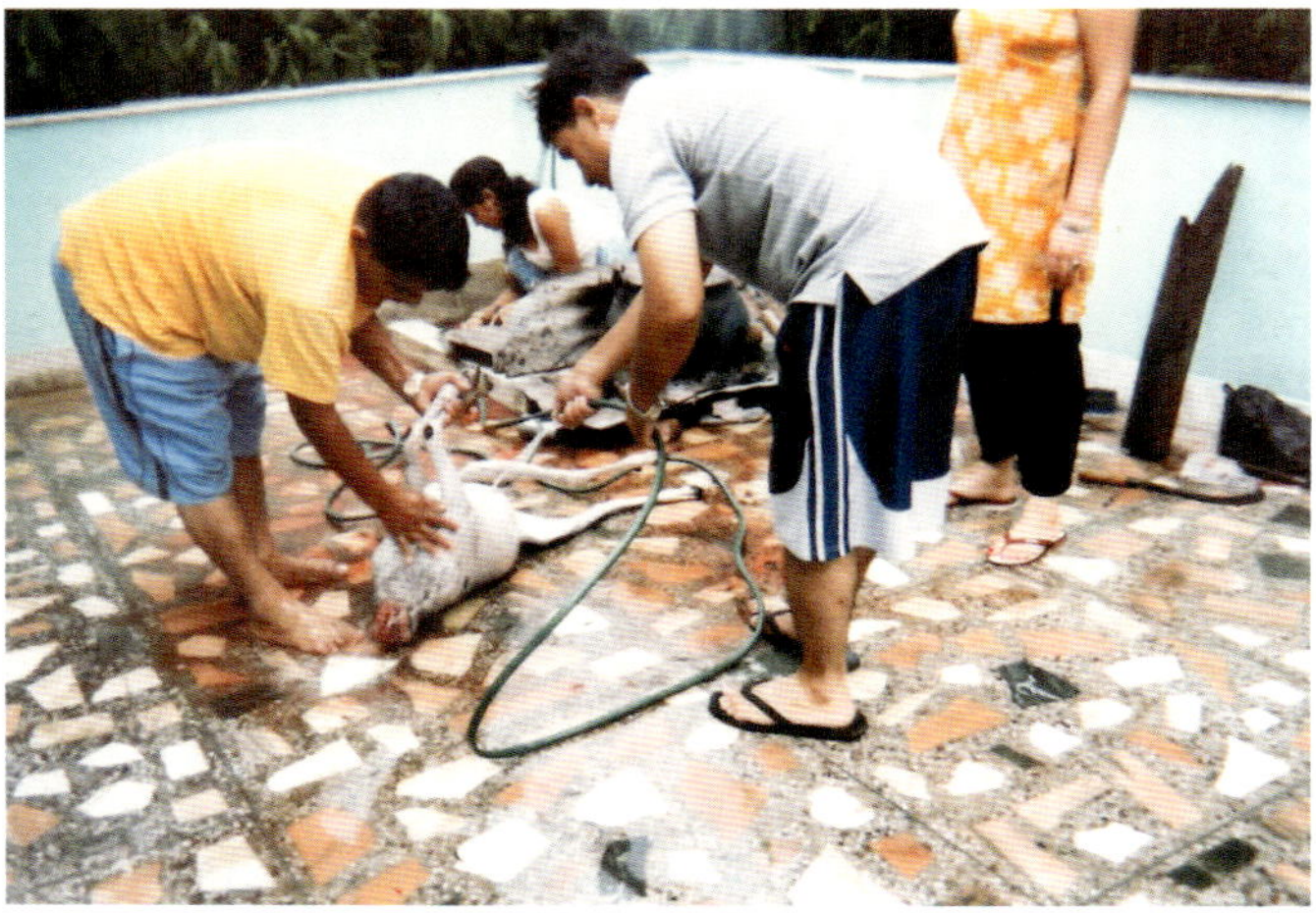

ダサイン祭のお祝い準備②

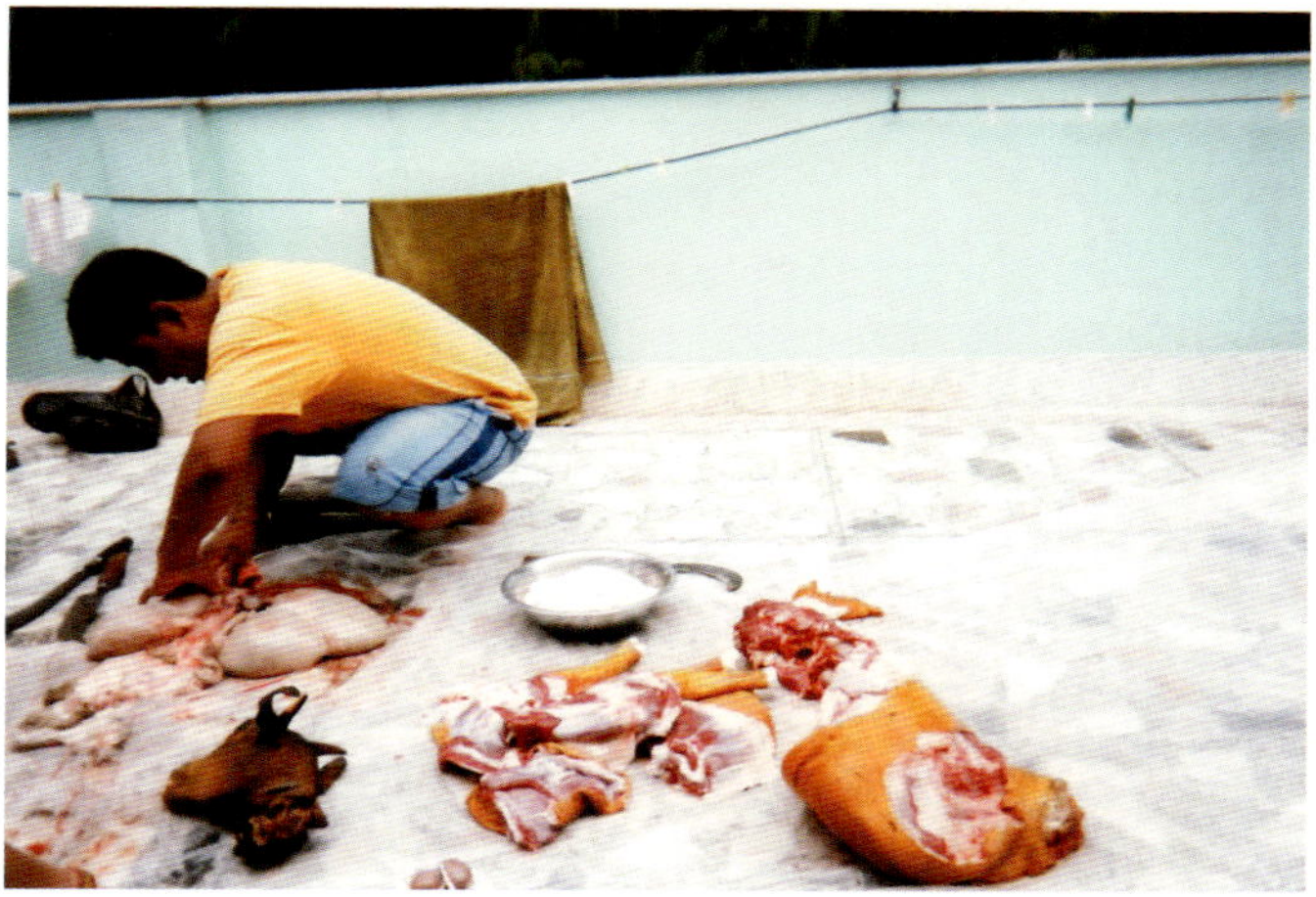

ダサイン祭のお祝い準備③

ダサイン祭のお祝い準備④

早朝に「コケコッコー」と鳴いていた鶏も、ダサイン祭のあとには鳴声さえ聞こえない。

「あの鶏もダサインで食べられたのでしょう」と、私がネパール人に言うと、

「そのとおり」との返事。

お祭りの日には、女性たちがいつもよりいいサリーを着て歩いている。女性はいつもサリー服を着ているが、今では若者は西洋スタイルも多い。一九八七年に私がネパールへ行ったとき、女性のスラックス姿は珍しくじろじろ見られたが、今では珍しくもなくなった。

足踏みミシンで、サリーを縫っている店も多い。一九八七年にはインドへ行ったが、インドでも足踏みミシンをよく見た。停電が多いところでは電動は役に立たない。足踏みミシンが貴重である。

日本でもお正月のお祝いの食事は、貧しかった時代皆楽しみだったし、服も綺麗なよそゆきを着ていたのを想い出し、懐かしさに浸った。

一週間の一日の休日は、土曜日。イスラエルのユダヤ人社会も、土曜日が休日だっ

た。

狭い住宅街の道から、りんごやバナナやココナッツなどを自転車で売る人の声がする。ココナッツを買って中のジュースを飲んだが、無色透明で甘くもなく、さっぱりした水より少し濃い味だった。ココナッツを割ると、中の白い壁はナッツの味がして美味しかった。買うときにはなるべく英語のできる知人に交渉してもらうのだが、一人で歩いているときは手振りなどを加えて交渉するが、わかりにくい英語の返答で適当に払ったこともあった。あるときは倍近い値段を言うので、買うのをやめた。

住宅街に果物を売りに来る

その狭い曲がりくねった道に、車が警笛を鳴らしながら走り、うるさい。昔の日本も車が増えたとき、騒音問題があったなと想い出した。

昔懐かしい光景はいろいろあったが、ネパール人の家に食事を招待されたときの家族の応対もそのひとつ。お客と子どもと主人は先に食べ、主婦は給仕に忙しく、皆が食べたあとで食べる。昔の日本の食事も一つひとつ出してきて、主婦は給仕に忙しく、あとで食べた。当時、女性の地位が低かった。

欧米では女性も一緒に食べるのに、男尊女卑だと言われ日本も変わった。各家庭の台所構造が良くなったのと、定食のようなセットにしてまとめて食べることもできるようになったのが、良くなった要因かもしれない。ネパールの将来はどうなるだろう。

一九八七年には、若い男性たちが手をつないでいる姿をよく見たので、当時私は違和感を感じたが、今はもうそんな姿は見ない。

道路は石がごろごろ転がって、でこぼこしているところが多い。歩道があるところに、電柱用か植木用の丸い深い穴がところどころにあり、ゆっくり歩かなければ転びそうになる。また、その狭い歩道に犬が寝ていると、私は怖くて車道を歩くことになる。野良犬が多く、狂犬病の注射などしていないから、噛まれないように気をつけなければならない。

雨が降ると、舗装していない道はどろどろになった。

歩道と車道と電線

店の前にいる野良犬

高級住宅地にあるヒンズー教寺院

お祭りにはヒンズー教寺院がにぎわう

街の建物の窓

カトマンズ近辺の学校の様子

私立の小学校の男の子に、「あなたは日本では、どのカースト？」と尋ねられたのには驚いて、「日本にはカーストなどない。カーストがあるのは、ネパールにインドにパキスタンでしょ」と少しきつい調子で私は言ったので、その子は黙ってしまった。あとで、なんと大人気ないことを言ったものだと後悔した。

山の上に建てられた公立学校を見学したが、山までの道は石が転がっており、もちろん舗装などされていない。道の両側は山か崖の木々が鬱蒼として、曲がりくねったり、急勾配だったりとひどい道路だったが、大半の生徒が麓から毎日一時間以上かけて学校まで登ってくる。途中近道の階段が二箇所設けられていた。

近くの農家のために山の上に学校を建てたと、校長先生は説明してくれた。学校の

山の上にある学校

周りには家がなかったので、校庭はきれいに掃除され、花が植えてあったりと、街の様子とは異なり清潔な佇まいだった。見晴らしもよかったが、残念なことに、雨季のときに水を貯めるが十分でなく、水不足でトイレが汚いとのこと。

他のところでも、学校でトイレは使わないほうがいいと言われた。汚いのだ。首都カトマンズ内でも、外国人観光客用ホテルか、外国人が使う上等のレストランしか、私は使えなかった。

日本でも、ほんの少し前まで、観光地の京都や奈良でさえ、公衆トイレなどは汚くて入れなかった。豊かになった今でも、下水道設備は特に田舎へ行くと十分に整備されていない。これで日本は先進国と言えるのかと、私は社会整備に関しては疑問をずっと抱いている。

トイレットペーパーを使わない国、ネパールもそうだが、イスラム教の国はほとんどそうであり、トルコに行ったときも、外国人観光客が利用するレストランのトイレでは、使用済みペーパーを入れる大きなカゴを置いていた。ペーパーを流すと、トイレが詰まるというのだ。最近はネパールに行くとき、「水に流せる」というティッ

トイレ

シュペーパーを持って行くことにしている。ヒマラヤ山脈は、八〇〇〇、六〇〇〇メートル級の山々が多く、万年雪に覆われているので、政府にお金と技術があれば、水に困ることなどないはずだが、水道設備は良くない。

山の上の学校へ行く途中畑がたくさんあり、菜の花が一面に咲いて、周囲の緑との対比が美しかった。菜の花畑には、冬の寒さが緩み、春が来たという想いが私には強かったので、朝晩震える寒さになる時季に菜の花畑を見て思わず、「十一月に菜の花?」と呟き、季節感のずれに当惑した。

ネパール人の一日の食事は、二食が普通。朝はミルクと砂糖がたっぷり入った甘いネパールルティを飲んで、十時に始まる仕事の前に朝昼兼用の食事を家でして、おやつみたいな軽食を途中で摂るか、なしで夜の食事は家で、七、八時に食べる。

ご飯とスープと野菜を手で混ぜて食べるのだが、手が汚くなって、偏見かもしれないが、私にはどうしても不潔に感じた。手で食べるのは、他にもたくさんの国があるのだが。菌への抵抗力は強くなるかもしれない。一度私も手で食べてみたが、上手に口に運ぶことができず、口の周りが汚れて、手もひどく汚れ、服にも飛び散ったようだ。パンなどにおかずを乗せて、手で食べるのは汚れることが少ない。

一般家庭のキッチンは最上階。家は三、四階建てが多く、最上階はキッチンと屋上テラスになっていて、天気の良い日はテラスで食事。上に行くほど埃の舞い上がりがなくていい。

テラスから螺旋《らせん》階段を上がると、キッチンなどの部屋部分の屋上となる。そこには水を貯めるタンクが二つあり、洗濯干し場にもなっていて、右も左も前も後ろも遠くに山が見える。雨が少し降った日には木々も見えたが、淀んだ空気の日が多く、いつもぼんやりと山の形が見えるだけだった。

十時に仕事が始まるから、早朝の一時間を職業学校で日本語を教えた。朝七時半から八時半。夜は電気がないから、朝が明けはじめるとすぐ活動の貴重な時間になる。皆そのあと朝食昼食兼用を食べて出勤する。


少ないながらも年金があるので、数年間、少なくとも二年間はネパールで寺小屋のような学校を造って、無料で語学を教え役に立ちたいと思っていたのだが、体力に自信をなくした高齢者の私には、厳しい社会環境に断念せざるをえなかった。

その代わりに立ち上げたのが、子どもたちの教育支援だ。時々一、二週間ほど学校の様子を見に行くだけでいい。なんとか週一回の給食支援も徐々にできるようになった。

（二〇一一年四月、十月、十一月、五〇日余り滞在）

高級住宅街にある個人店

郵便事情（二）

私はよく郵便を出す。「郵便事情（一）」でも郵便のことを書いたが、そのあともいろいろ問題が起こった。

日本では郵便局へ行かなくても切手を持っていたら、郵便ポストに入れることができる。若いころ滞在していた英国もドイツ（当時西ドイツ）も同じであった。ヨーロッパの国々だけでなく、カナダ、アメリカ合衆国、イスラエルにも郵便ポストはあった。

ポストの色や形やマークは、国によって異なる。ドイツの郵便ポストは黄色で少し横長の箱型。マークはラッパ。スイス、オーストリアも黄色。英国は赤色で、日本の昔あった丸型だったから、私の最初の外国滞在には問題が起こらなかった。そのあとドイツに行って、私は初めゴミ箱かと思い、行きずりの初老の男性に、「これは手紙を出すポストか」と尋ねた。男性は「そうだが」と言って、変なことを尋ねる人だと思ったのか、振り返り振り返り通り過ぎていった。マークは、英国は王冠、カナダはメイプル、日本は逓信省《ていしんしょう》の省略の〒である。

ネパールでは、識字率が五〇パーセント以下のため、字が書けないから郵便局などいらない。もちろん郵便ポストもない。物が簡単に手に入る日本。ネパールの友人たちに何か送ってあげたいと思っても、途中で盗まれるのではないかと、止めてしまう。

発展途上国はたいしたことのない手紙や絵葉書も盗まれて、相手方に着かないことが多い。ある発展途上国に滞在したとき、メイドを雇っていて、そのメイドに手紙を出すのを頼んだら、切手だけ盗んで手紙は捨てていたという話は、時々聞く。

最近、私はネパールへの郵便は、ＥＭＳ（国際スピード郵便＝Express Mail Service）を使うことが多い。電話番号を書く欄があるので、電話がかかってきて、郵便局へ取りに行ったとのこと。たいした内容でなく、お礼の手紙ぐらいなので普通の航空便にしたら、一か月後宛先不明で戻ってきた。封筒に電話番号を書いておいてくれというので、住所のところに電話番号を書いておいたのだが、安い料金の普通の航空便では差出人は追跡もできないから、面倒な仕事をせずに放っておいたのかと邪推する。

ＥＭＳは首都カトマンズと隣町しか使えず、遠くの町にはＥＭＳは行かず、普通の航空便で一か月もかかる。郵便を使わない習慣からか、切手代が高いからか、友人たちに写真を送ってあげても、礼手紙すら書いてこない。ネパールに滞在していると、電話をしてきて礼を言うのだが。海外へはもちろん電話代が高いのでかけてこない。

ネパールから来た郵便物は、切手をいつも封筒の裏に貼ってあることは前にも書いたが、インドでＮＧＯの活動をしている知人から来た手紙も、ネパールと同じように切手が裏に貼ってあったし、成田国際空港支店から「この郵便物は、運送中湿潤して到着しましたので、当支店で乾かしました。おわび申し上げます」と貼り紙があった。日本側が丁寧に扱ってくれたということで、二〇年以上前、南アジア、カンボジアだったか、インドネシアだったか忘れたが、そこから来た郵便も破れて着きましたと封筒に貼り紙があり、セロテープで破れたところを修繕してあった。

ネパールから十二月上旬に届く書類は、いつも端のところに穴が開いている。そしていつも日本で受け入れた郵便局から、破られて到着しましたので補修をしましたと、テープが貼ってある。大きな包みなので、きっとクリスマス時期だから、何か良い物があったら盗もうと思ったのではないかと、悪い方ばかりに推察する。

七〇、八〇年前の日本が貧しかった頃も荷物が抜かれたりしたと聞くから、貧しいときの人の意識は同じなのだろう。生きることの厳しさを感じる。

今ではかなりの人が携帯電話を使っているし、ホテルのロビーでインターネットが使えるから、伝達手段はよくなっているが、物を送るときは必ず書留にしなければならない。いらなくなった服などを送ってあげたいが、煩わしさに止めてしまう。

一度クリスマスに、使わなくなったマフラーなどを送ってあげたら、使用済みと書いておいたのに、受け取り時にかなりの税金を払わされたというので二度と送らず、ネパールへ行くときに持っていっている。

電気のない夜は寝るだけ

二〇一二年四月下旬に四度目のネパールへ行った。毎日一〇時間の停電があり、午前中五時間、夜五時間ということだった。日曜日は朝十時から午後二時。午後七時から十一時半まで。月曜日は午前十一時半から午後五時まで。火曜日は午前六時から十一時。午後六時から九時半まで。水曜日は午前五時から十時。午後四時から八時半まで。木曜日は午前五時から十時。午後二時から七時まで。金曜日は午前四時から九時。午後一時から六時まで。土曜日は午前九時から午後一時。午後五時から十時半まで。

そのためエアコンが部屋にあっても役立たず。エアコン付きの部屋は、部屋代が高かったのだが、カトマンズは標高が一三〇〇メートルあり、空気は乾いていて、四月は乾季で暑くなかったから、エアコン室などいらなかった。

エアコンのあるデラックス部屋でなく、スタンダードの安い部屋にしたら、扇風機だけがあったが、これも電気が来ないので使えない。

シャワートイレ洗面室は、自家発電に切り替わっていて、いつでも電気はつくが、寝室はつかない。昼間は部屋の窓が大きく、明るい。夜は電気がつかないから、テレビがあっても見られず、毎日早くから寝ていた。ネパールに来ると長い睡眠になり疲れはとれるが、いつも認知症のことが頭を過ぎるから笑ってしまう。

携帯電話の充電も電気が来ているときに、素早くやらなければならない。

ブーゲンビリア

ホテルの窓からブーゲンビリアの大木が、濃いピンクの花をたくさんつけているのが見える。一〇日間滞在したが、花は散ることも

ホテル７階の屋上

なかった。時々その花を摘んでいる男がいた。一階のレストランに入ると、ブーゲンビリアの花がテーブルに飾ってあった。

細い露地の奥にホテルがあったが、人が一人通れる細い道にオートバイが入ってきて、店の入り口に上がる狭い急階段をのぼらなければ避けられない。ネパールは高い山が多いから、山にのぼる練習用みたいだと、階段をのぼるたびに山を想像する。

夜中に、時々遠くの方で野良犬が吠えてうるさかった。朝食

は七階の屋上で食べたが、いつもスズメやカラスが周囲を飛んでいるのがわかり、盗られないかと心配する。一階の埃が舞い上がるところより、どこも上階のほうが空気はいい。

　三か月前にできた新しいホテルだったが、水は良くないのでいつものように歯磨きもミネラルウォーターを使った。飲み水にもいるので、二、三日に一回、一〇〇〇ミリリットルのボトルを三本買っていた。ホテルからあまり遠くないところに、外国製品の菓子類を売っている清潔な店で買い運ぶ。ホテルの食堂でミネラルウォーターがあるか尋ねると、あると言うが値段がその店の倍近い。

　トイレに溜まっている水は、何を入れているのか、いつも表面は汚い濃い黄色に見えた。

カトマンズの市内風景

四月は結婚式のシーズンなので、花などで飾られた車に出あう。新婦側のパーティと新郎側のパーティと、両方で数日続くとか。女性は皆華やかな服で着飾っている。

こんな家のない田舎にバスが来るのかと驚くと、結婚式に出席する親戚たちの乗った貸切バスだそうだ。屋根の上にも人がたくさん乗っている。

結婚式のお祝いパーティ①

午後に少し雨が降った。薄汚れていた並木はきれいな緑色になり、埃の舞い上がりは少なくなった。喉のいがらしいのがなくなる。

でも、でこぼこ道のあちこちで水たまりができ、車の飛沫がかからないか不安を抱えながら歩いていく。先進国の清潔なところから来た私は、本当に厳しい生活だと身に感じるが、生まれたときからずっとこの環境にいたら、違和感などないだろう。貧しかったときの日本を想い出し、時々溜め息が出る。

結婚式のお祝いパーティ②

ヒンズー教寺院近くの歩道で人を待っていると、大通りを横切って、脚の悪い男が座ったまま、両手で漕ぐように近くへやって来た。友人と私の目の前でとまり、手を何度も口に持っていく。何か食べるものがほしいということだろう。私たちは、すぐに食べられるものを持っていない。大通りで財布を出したくない。

結婚式の食事①

結婚式の食事②

どうしたらいいかわからず、スラックスの裾を引っ張られる不安を感じながら、ゆっくりヒンズー教寺院入り口まで移動する。寺院内には何人かの人たちがいたので、なんとか手を貸してくれるだろうと私は思ったのだが、男はヒンズー教寺院の方へは来なかった。外国人は金持ちか、慈悲深いと思っているのだろうか。

人が多い狭い陸橋の上では、盲目の男が前に銅の器を置いて楽器を弾いていた。紙幣を入れてあげたかったが、風に舞い上がりそうで、誰かに盗られないかと心配して、私はその器に銅貨を投げてやった。チリーンと哀しい音をたてた。ネパールの銅貨など、無に等しい価値しかない。男の歌が変わり、喜びの表示だったのかもしれないが、私には哀しい音色に聞こえた。

市の中心部より少し離れたところに住む、詩人で絵本作家の年配の男性は、「親戚の結婚パーティに招待されたが、公共のバスは夜七時半までしかないから、九時頃に帰るには、タクシーしかない。タクシーの運転手が強盗になることもあるので」と心配していた。

中高等学校

カトマンズから南東約五〇キロの学校に、奨学金を持っていった。途中まで日本のＪＩＣＡの援助でいい道路ができていて、遠路もスムーズに行くことができた。

周りに民家の見えない、山の中に学校があった。平屋の教室二棟は、家畜小屋（鶏がいた）かと思った。新しい二階建ての一棟は、教室に長机と長椅子が一つしかないところもある。生徒は全部で約百二十人と

校舎①

のこと。木の間から、段々畑など緑一杯の風景が見える。

一九八七年にカトマンズ近くの農村地帯を訪れたときには、一階は家畜の部屋、二階が人間の住居だったが、二〇一〇年には、その家も一階には絨毯が敷かれた素敵な家になっていた。一部屋が広く快適そうだ。家畜の同居はもうなかった。

カトマンズから約二〇キロの学校は、三百人余りの生徒がいる。周囲に住宅があり、平屋の校舎も窓が広くて明るい。図書室の中は雑然としていたが、独立した建物。二階建ての建物も広く、首都から近いので少し豊かなのであろう。しかし校舎の周りの空間は雑草が生え、手入れがされていな

校舎②

い様子だった。

カトマンズの長距離バス発着場近くにある、市内西南端の山の上の学校は、車がぐるぐる山をまわって登っていき、道がひどく悪く、食べ物が胃から口に飛び出すのではないかと思えるほど、車は揺れる。一時間以上かけて、麓から山まで生徒は歩いてくる。その学校には約四百人も生徒がいる。山の上の学校は庭に花を植えたりしてあり、清潔に管理されていた。

長距離バスの乗り場周辺は、トイレの完備が悪いため臭い。

三校は公立学校だが、私立も公立も制服がある。色は異なるが、私立も公立も男女共ネクタイを付け上着のブレザーを着ると、きりりと見える。どの学校も低学年から高学年まで生徒がいる。しかも低学年から制服を着用。

公立は貧しい子どもたちが多いのに、制服が必要なのか私には疑問を感じる。政府が支給するなら別だが、高い制服代を親が払わなければならない。せめて成長の著しい低学年ぐらい、どんな服でもいいと思うが、ネパール人に言わせると、「私服だと、よれよれの服を着てくる子どもがいる。きちんとした服を着ると、勉強しようという姿勢になれるから、制服がいいのだ」とのこと。

校長室での子どもたち

首都カトマンズに住む親たちは、子どもの将来を考え、授業料が高くても英語のカリキュラムもあり、先生たちが熱心に教えるという私立の学校へ子どもを通わせる。公立学校の先生たちはあまり働かないと批判するのだが、四百人いるカトマンズ近くの公立学校の校長は、「うちの学校はＳＬＣ（国家試験合格卒業証明証）に九〇パーセント以上通る」と言う。

（二〇一二年四月に九日滞在）

二〇一六年四月、教育支援をしている学校訪問

ネパールが我が故郷と感じられるようになった五回目の訪問。でも歳を取ってきたので、首都カトマンズの信号のない大通りを渡るのに生命《いのち》懸けであるが、道の悪い田舎へ行くのも身体が堪える。

チャーターしたタクシーの窓から、頭にプラスチックたらいを重ねて運ぶ、若い男性が見える。

「ネパールでは皆手で洗濯するので、あのたらいを使うのよ」ネパール人のラクシュミさんは言う。

「昔日本でも、たらいで洗っていた。今は電気洗濯機を使っているけど」と、私は説明する。

一日一〇時間は停電するので、電気製品など買っても仕方ない。空気は乾燥しているので、すぐ乾く。

店の前で、一部毛の抜けた犬が丸くなって寝ている。ホテルまでの細い道は舗装されているが、剥がれたり穴が開いたり、ゆっくり歩かなければ転びそうになる。少し大きな通りは、オートバイと車と人が適当に動いている。

動物的感覚の鈍った——ネパールへ来るたびに、カトマンズの大通りを見ると動物的感覚という表現が浮かぶ——私は、冷や冷やしながら横切らねばならない。生きるのは厳しい。長生きはできないだろうと考えながら歩くと、でこぼこ道に足をとられそうになる。

*

関西空港を深夜発のタイ航空に乗った。バンコックまで六時間足らず。食事で二度起き、細切れの睡眠で早朝バンコック着。乗り換えに六、七時間あり、広い飛行場内の店を眼の保養にあちこち見て回る。疲れると椅子は多いので、しばらく座ったりした。

昔は乗り換えの飛行場で、手荷物のチェックはなかったのに、ニューヨークの九・一一事件以来、飛行場でのチェックはひどく厳しくなった。私は最近そんなに海外に出ていないが、昔はよく出ていた。今ほど厳しくない時代はよかった。靴まで脱ぐ必要もなかったし、液体の入った容器を客室内に持ち込んでも、チェックはなかった。

バンコックから三時間半ほどかかって、ネパールのカトマンズ着。関西空港からバンコックまで時計を二時間遅らせて、バンコックからカトマンズまで一時間十五分遅らせて、昼すぎにネパール着。

ビザ取得に時間がかかる。二〇一〇年と一二年に来たときには、入国窓口でお金を取り扱っていたが、銀行窓口ができ、そこでビザ用のお金を支払って、領収書を持って入国審査窓口に行くように変わっていた。

ボーディングブリッジはなく、バスか歩きで飛行場の建物に入る。三〇年前に来たときには、バスもなく、皆建物まで歩いた。今回（二〇一六年）荷物が多かったので、飛行場のカートを使ったが、プラスチックは半分破れ、車輪のコマは動きが悪い。

カトマンズ市内は広くないので、飛行場から中心部近いホテルまで車で二〇分ほど。来る毎に、車もオートバイも増え、排気ガスと土埃を舞い上げながら走っていく。この喧騒を見るたび、これから伸し上がってくる元気な若者の国を想像する。そんな道路を横断するのは、ますます恐怖になる。

四月、大木のジャガランダのピンクがかった紫の花が、車道の両側に見える。赤いブーゲンビリアの花も美しい。ジャガランダの花もブーゲンビリアの花も、ネパール人にとってありふれた花なのに、名前を知らない人が多いのに驚く。食べるのが精一杯の生活では、花より団子なのだろう。

ホテルに着くと、すぐに最初に一〇〇〇ミリリットルのミネラルウォーターを五本買ってくる。外国の菓子類を売っている店が、ミネラルウォーターの種類も多く、信用でき、少し遠いがその店へ行く。これはネパールに来るたび、恒例の行事みたいになっている。

狭い道を人々やオートバイに車が、好き勝手に動いていくから、歩くのに骨が折れる。重くても、病気にならないよう、ホテルまで必死に運ぶ。飲み水用と歯磨き用

ホテルや土産店の多いタメル地区①

ホテルや土産店の多いタメル地区②

の両方にミネラルウォーターを使うので、五本なんてすぐなくなってしまう。

今回予約したホテルはエレベーターがあるが、停電が多く、使える時間は少ない。四階の部屋まで階段を歩く。いい運動だが、重い荷物を持ってのぼるのはきつい。

休む間もなくラクシュミさんが来て、蚊帳を買いに、両側は店ばかりが並ぶ狭い道を歩いていく。犬が歩いていたり、オートバイが走ってきたり、人は多く、時々車も入ってきて、どこを歩いても穴のある道で、転ばぬようにゆっくり歩く。

予定の価格より安くしてくれたので、二〇枚買う予定の蚊帳を二十五枚買った。

蚊帳

それをラクシュミさんが手に持って、ホテルまで帰る。往復一時間は歩いただろうか。ラクシュミさんは、私の泊まっているホテルの近くにオートバイを置いている。オートバイに乗せて家へ帰った。

ベッドの上を覆うだけの蚊帳で、青、緑、白、紫などの色があった。値段は三〇〇円ほどで安い。日本の淡路島の友人が、日本では今、下の土台まで覆われた蚊帳があり、クモもムカデも入ってこないからいいよ、と言う。でも八〇〇〇円近くもすると聞いて、私はびっくり。

翌日は文房具屋へ行く。今回もまた狭い混雑する道を、ゆっくり、ひたすら歩いて文房具屋が並ぶコーナーにやって来た。一、二軒、どんなノートがいいか、価格を比較して、一軒の店で一〇〇冊買った。ボールペンも三十四本買い、一〇〇冊のノートを私は持てないが、四十歳半ばの彼女は持って歩く。ホテルまで二〇分余り。どこへ行ってもでこぼこ道は、歩くのが辛い。肩に力が入る

ホテル近くで、彼女の家までのタクシーの値段を交渉する。彼女は二五〇ルピーで行ってほしいと頼んでいるが、皆「ノー」。あるタクシーの運転手は、七〇〇ルピーと言う。無茶苦茶な値段。外国人だったら、知らずに乗るだろう。なんとか三五〇ル

ピーで行ってくれる車と交渉成立。

彼女の住まいはカトマンズ市内の南部にあり、軽のタクシーが通れるくらいの狭い道に面しているが、周辺はかなりいい家が並ぶ住宅街である。門の前にオートバイが停めてあると、ラクシュミさんのご主人がオートバイを家の方に傾け、タクシーが方向転換するときには、他の家の門を開け、暗黙の了解のように他人の家の敷地に入り、何回もハンドルを切って上手に方向転換して行った。

彼女の家は他の一般的なネパールの家と同様、一階は別の家族に貸している。二階へ上がる階段の前のジャバラ扉に鍵をつけ、二階、三階、屋上が住まいになっている。二階に居室が三つとトイレ。一つの部屋は応接間兼なので、かなり広い。他の二部屋も、日本の住宅の広さには比べようもなく広い。三階は台所と食堂、半分は屋外になっていて、外にもテーブルと椅子が置いてある。部屋も一つあり、トイレ兼シャワー室がある。シャワーがあるといっても、トイレの横についているだけで仕切りなし。屋上は洗濯干しと花を植えた植木鉢が並んでいた。


教育支援を四校している。授業料、試験代（試験代がいるのに驚く）と、入学金（いる学校といらない学校がある。いる学校は各学年毎に取る。初めて学校に入学したときだけならわかるが、毎年取るのに違和感を感じるが、学校が独自に決められるので、各校に違いができるとのこと）の支援である。識字率が五〇パーセント以下のネパールで、田舎へ行くほど、女の子の教育はないがしろにされる。字が書けないと、身売りもあり騙されるので、せめて字だけでも書けるようになればと、なるべく田舎の学校を支援したいと考えているが、時々私が学校を見に行くのに、足が困る。

よくある発展途上国のバスは、発車時刻を守るより、乗客がバス一杯にならなければ出発しないから、そんなバスには乗れない。太陽が昇っている間に、首都カトマンズのホテルに戻りたい。

いつもタクシーを二日か三日チャーターしている。今回は三日間タクシーをチャーターした。ラクシュミさんが、知っている人に頼んで安くしてもらい、八〇〇〇ルピー（約九〇〇〇円）払った。二〇一五年の大地震後のガソリン不足から、タクシー代がひどく高騰していると聞いていたが、その後状況は少し改善され、以前ほどには戻っていなかったが良くなっていたのでほっとした。ガソリン不足は地震のためでなく、政治問題だそうだが、どこの国も一般庶民の生活には困った問題である。

支援する子どもを選ぶのは校長先生に任せているが、黙っていると男子優先、男子ばかり選ぶ。発展途上国は第一次産業の農業、漁業、林業などが主力で、力仕事になり、男子優先になるのだろう。半分は女子を選ぶようにと、いつも私は口うるさく指示している。

全て公立学校に支援しているので、支援金は日本でコーヒー一杯分の金額。

土曜日は、学校など公の事務所は休み。日曜日から出かける学校と、地域の人たちに手渡す蚊帳や、支援してくれた日本から運んだプラスチックのボウル、蚊取り線香はネパールの物は匂いが悪いということで、日本から少し持っていったので、どこにいくらと仕分けをする。ノートとボールペンも同様に仕分けをする。かなりの嵩になる。

三時頃になり、ネパールの一般の人たちは一日二食なので、昼か夜かわからない食事ダルバートをいただく。典型的なネパール料理というと、ダルバート一食しか考えられないが、米飯とチキンなどの肉なので、基本的な栄養が含まれていると思う。

ラクシュミさんのところには冷蔵庫があるが、電気が止まっていることが多く、中は棚として使っている。

ダルバート

日曜日に訪れたのは、カトマンズ近郊の山の上の学校。山をぐるぐる回って頂上に行くが、道は岩や石があって、車は大きく揺れ、天井に頭があたりそうになるし、胃からは食べた物が出てきそうになる。二〇一〇年、二〇一二年、二〇一六年と三回来たが、いつも同じひどい道で良くなっていない。

山の上には学校だけしかないので、花をたくさん植え、いつも美しく清潔に保たれているが、前に来たときには、乾季になるとタンクの水がなくなるので、トイレは綺麗でないということだったので長居はしたくない。友人がトイレを借りたいと言ったら、鍵を開け、何もない壁とタイル張りの間に細い溝のある広い部屋に案内されたとのこと。

この学校では、いつもゆで卵を出してくれる。土地の新鮮な卵で美味しいのだが、ホテルの朝食でオ

鍵を開けてくれたトイレ

ムレッツを食べてきた私は、コレステロール値が高く食べたくない。ミルクたっぷりの甘いネパールティだけいただく。飽食日本で栄養を摂りすぎ不健康になっているので、いつも親切な申し出を断っている。

絵が描いてある鉛筆がネパールにないと聞いていたので、日本から持って行った。鉛筆一本と消しゴム一個を、支援している五人の子どもたちに手渡し、書類を書いてもらう。校長先生には、五人の六か月分の支援金を手渡す。一人の子どもの必要経費の明細を一枚ずつ小さな紙に書いてくれるので、一枚の大きな紙にリストにして明細を書くように指示する。大柄の男が三人も四人もいるのに要領が悪い。いつも何人も男の人たちが出てくるが、女の人が出てきたことはないと、ラクシュミさんは私に不満を言う。

必要な仕事を手早くすませ、頂上からカトマンズの街を眺めて、車に乗った。空気が澄んでいないので、遠くの緑が薄汚れて見える。乾季の終わりで、雨が長く降っていないのだろう。毎日フル回転で働いたので疲れたのか、帰りに少し吐いた。ホテルで午後三時過ぎから翌朝まで寝たら、細胞は修復されたのか、翌朝は良くなっていた。朝食はリンゴジュースと、ネパールティとヨーグルトだけにした。

教室にて①

教室にて②

支援している子どもたち

校長先生の執務室に集まって

ある時少し風邪気味なので、ティッシュペーパーの売っているところをラクシュミさんに尋ねると、ネパールの人は袖口で鼻を拭うので、ティッシュは使わないと、上等なサリーの袖口で、こういう風にと実演してくれたので、笑ってしまった。でも、外国人向けの店では売っているかもしれないと、連れていってくれた。

月曜日はカトマンズから五〇キロ近くの学校を訪ねる。途中まで日本のＪＩＣＡが支援したという状態の良い道路を走って、途中から山に登っていくが、舗装されているので、穏やかな走行。学校の手前一キロくらいが舗装なし。一棟の三階建ては美しいが、あとの平屋の校舎は二〇一二年に来たときより一棟は少し良くなっており、敷地に入る校門もできていた。

ここの学校は二〇一六年四月から一一三名に、週一回給食を支援することに決める。給食はコップ一杯のミルクとサモサ（じゃがいも、豆、ピーナッツを皮で包んで揚げたもの）を一個。家ではアワやヒエの粉を食べることが多いと聞いて決めた。

以前から給食の支援をしてほしいと言われていたが、給食は数人だけにするわけにはいかない。全校生（幼稚園、小中高生）にわずかな金額で栄養になるものをと考えると、何をしていいのかわからなかった。

　私がはじめ考えたのは、学校の敷地内に空き地がたくさんあるので、二部屋の小さな家を建ててあげるから、一部屋を給食用室、もう一室を地域の人たちのコミュニティーセンターにしたらどうかと提案した。それに対して、校長先生は公立学校は英語のカリキュラムがないから、英語の先生を雇えない。先生を雇う費用を出してほしいとの返答だった。給料は一か月三万円余り。

「私たちは皆歳とっていて、いつ支援を続けられなくなるかわからないから、それは無理です。建物を援助するので、そこでビジネスをして、先生の給料を稼いだらどうですか」

と私は助言した。

給食を食べている①

給食を食べている②

給食を食べている③

給食を食べている④

給食を食べている⑤

お金を得る手っ取り早い方法は、牛を四頭以上買えば、ミルクやヨーグルトにチーズなどが売れる。糞も畑に使えるので売れると、明細な計算を添えて言ってきたが、「生き物の援助は無理」と私は断った。きっと将来、死んだとか、逃げたとかの言い訳をしてくるのは明らかで、安くない牛をまた買い与えなければならない。一頭が五万円ほどかかるのだ。

「あなたたちがここでビジネスをしてくれたらいい」と言うが、毎日自分たちの生活が精一杯のところで、人口密度の低い田舎という状況を考えると、どんなビジネスが可能か想像もつかない。ビジネスで稼ぐという方法は無理だと判断し、他のＮＰＯの情報を得て、コップ一杯のミルクとサモサ一個を、週一回援助できる形になった。

大人も子どもも、食べることは嬉しい。みんな給食を喜んでくれている。

この学校は校長先生が授業料と試験代のリストを手書きだが、見やすく書いてくれていた。十五名の支援をしている。支援をしている生徒たちには、他の学校と同様、日本から持っていった絵入り鉛筆と消しゴムを渡す。この学校は制服代とカバンも安いので、毎年六名から一〇名支援している。

制服とカバンをもらっている①

制服とカバンをもらっている②

ノートをもらって喜ぶ

校長先生から、二〇一二年にもいただいたが、土地のヨーグルトをコップに入れてくれたのでいただく。校長先生の執務部屋の入り口で、生徒たちなどから花のレイを首にかけてもらった。

地域の人たちが来て、蚊帳とプラスチックのボウルを渡す。教室ではノートとボールペンを全生徒たちに渡すと、みんなが喜んでくれた。

歓迎の花を持っている子どもたち

地域の人たちに蚊帳を手渡す

将来何になりたいかと子どもたちに尋ねると、人々を助けたいから医者とか先生が多いが、医学を学ぶには相当な費用がかかる。現実的には、成績のいい生徒は軍隊と警察に行くらしいが、なりたい職業を聞くと、軍隊も警察も皆無。親の職業はほとんどが農業なので、親と同じ農業をする子どもが多い。

義務教育制度はなく、どこまで学校に行かなければならないというわけではない。一〇年生を終えると、国家試験を受けＳＬＣ（School Leaving Certificate）をもらい、上級学校のカレッジや大学へ行けるが、経済的には

Shree Bhagawati Higher Secondary School からの感謝状
（ネパール語で）

難しい。SLCがあると就職にも有利らしいが、仕事をするところが少ない。

火曜日はネワール族の村サクーを訪れる。カトマンズから約二〇キロ。ここでは二校支援している。一校の校舎は、二〇一五年四月二十五日の大地震でひどく傷んでいた。校長先生から首相の署名もある、感謝状をいただいた。五〇キロの学校からも以前に感謝状をいただいている。両方共、額にはガラスが入っているので、中の紙だけ日本に持って帰ってきた。約三百人生徒がいると聞いていたが、支援生徒は九人。

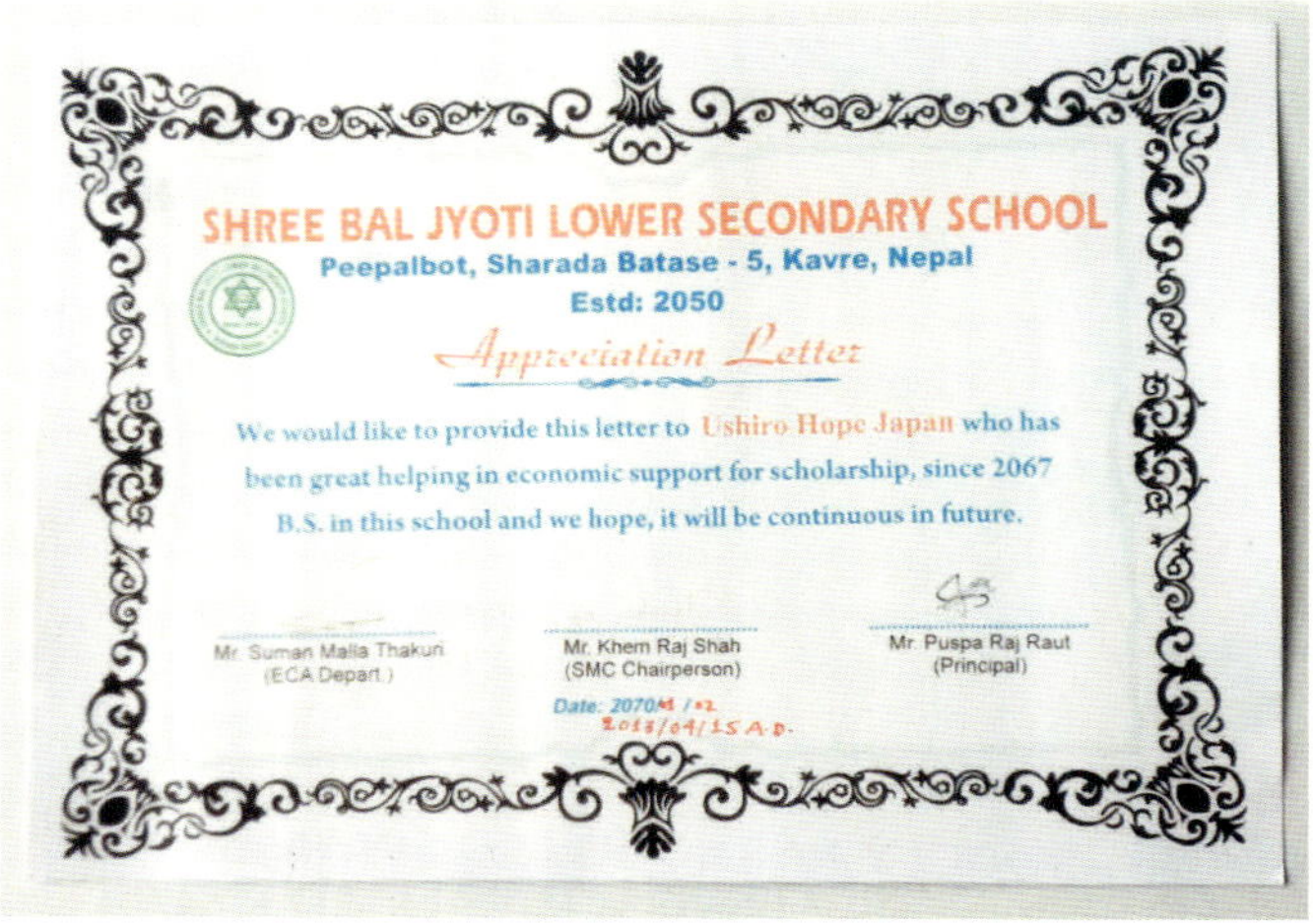
SHREE BAL JYOTI LOWER SECONDARY SCHOOL
Peepalbot, Sharada Batase - 5, Kavre, Nepal
Estd: 2050

Appreciation Letter

We would like to provide this letter to Ushiro Hope Japan who has been great helping in economic support for scholarship, since 2067 B.S. in this school and we hope, it will be continuous in future.

Mr. Suman Malla Thakuri (ECA Depart.)
Mr. Khem Raj Shah (SMC Chairperson)
Mr. Puspa Raj Raut (Principal)

Date: 2070/1/2
2013/04/15 A.D.

Shree Baljyoti Lower Secondary School からの感謝状
（英語に翻訳してくれた）

89　二〇一六年四月、教育支援をしている学校訪問

教室で

サクー村は大地震でかなりの家が倒れたと聞いたが、トタンの家は一部あったが、元に戻っている感じがした。

もう一校は地震の問題はなかったとのこと。校長先生は地震のとき、病気でカトマンズの病院に入院していたので、影響がなかったようだ。収入係の手際が悪く、支援金が少ないとか苦情のように言ったので、支援などいらないのではと感じた。ラクシュミさんは校長先生と生徒がいいので、この学校に決めたとのこと。

教室の外で三人の先生が、生徒の試験用紙をチェックしていた。暗くて狭い教室より、明るく爽やかな外の空気の中で仕事をするほうが、快適そうだ。

スクールバス

もう一校、細いがたがた道を山に登っていって、小さな子どもの学校を見学。ここは文房具だけ補助している。他の日本のＮＰＯから週三回給食支援をしてもらっているとのことで、ドーナツ一個が配られ、私は日本から持っていったカロリーメイトを一個ずつ一緒に食べてもらった。ミルクを入れたバケツを持ってきて、バケツからコップに入れる。あとで私たちにもくれたが、生暖かいミルクに雑菌が入ってないだろうかと不安だった。そのあと、ネパールティも出してくれた。ミルクがたくさん入った甘く温かいネパールルティは、どこで飲んでも美味しい。

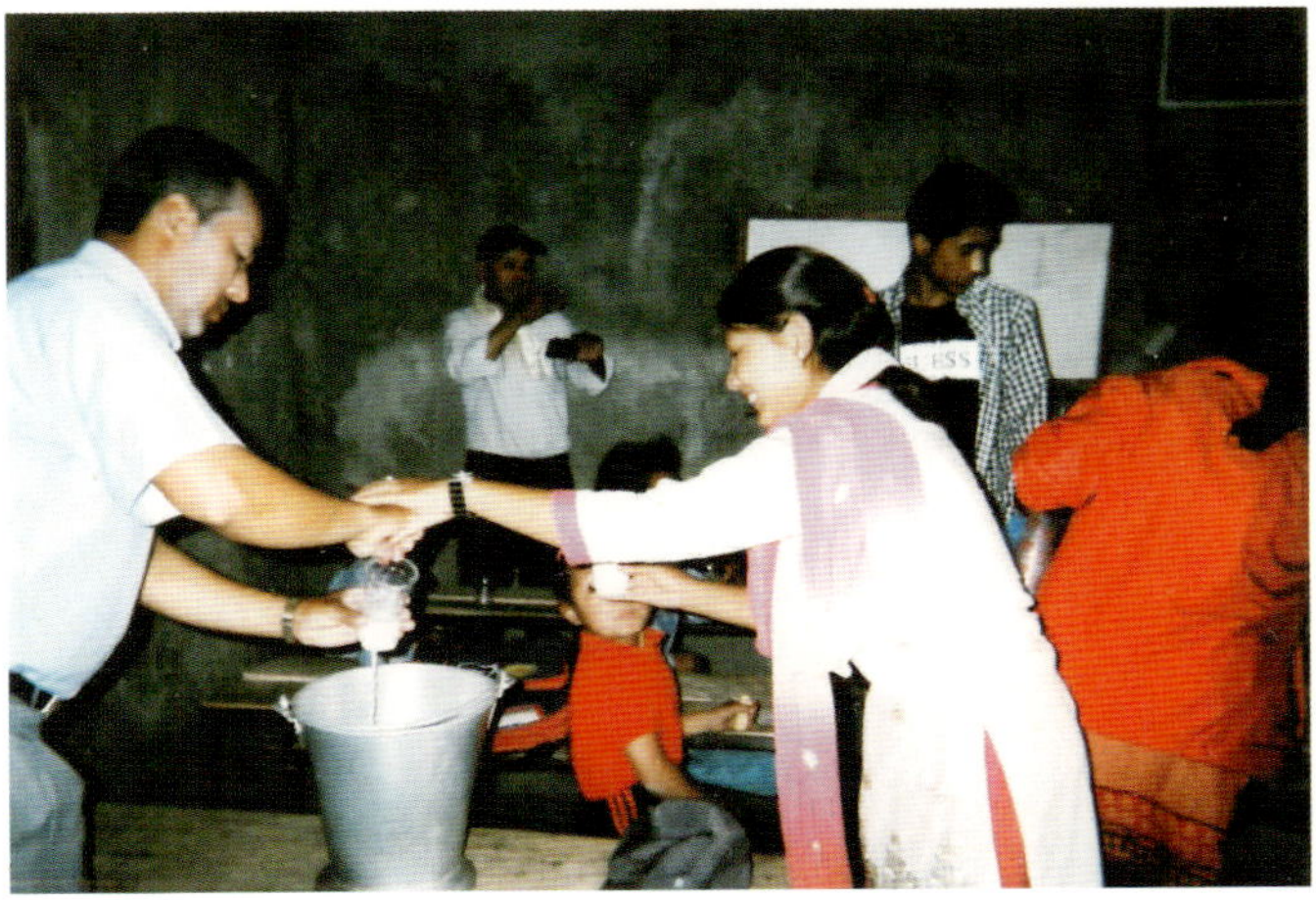

バケツに入ったミルクをコップに入れる

ノートと鉛筆をもらっている

帰る途中、この地のじゃがいもは安いからと、ラクシュミさんのご主人とタクシーの運転手が、大袋二つを後ろの狭いトランクルームに積んだ。

市中に入り、車中で私がお金を数えていたら、車が渋滞したとき、餓えた子どもが私たちの車の近くに来て中を見た。私はさっとお金を仕舞い、子どもにあっちへ行けと手真似したが、窓は閉まっていたし、食べる物も持っていなかったのでどうしていいかわからなかった。咄嗟のいい判断を、私はいつもできないでいる。

以前王宮の近くを歩いていたら、老けた女性と子どもが缶を前に手を出していた。誰も無視して通り過ぎる。欧米の女性たちは、よくお金を入れてやっている。

立ち止まって財布を取り出せば、お金をたくさん持っていると周りから誰が見ているかわからないと、私は躊躇して施しをしないことが多い。二度目に通ることがあったら、財布を出さないで、前以て小さな金額をポケットからすぐ出せるように準備しておいて、入れてあげることにしている。

四校の援助している子どもたちが大人になったとき、ネパールの社会は今よりずっと良くなっているだろうか。排気ガスの規制された車が走っていることを願い、豊かになっていることを期待している。ヒマラヤ山脈の雪が溶けるような、地球環境が悪くならないことを祈りたい。

（二〇一六年四月に約七日滞在）

ネパールの田舎の風景

あとがき

ネパールの首都カトマンズで、寺子屋のような語学学校をつくって、二年間若者たちに無料で教えたいと考えていた。適地をさがすため、四十一日滞在したとき、埃と排気ガスが舞う街に、高齢の私が住むのは無理だと断念した。

若いとき英国とドイツ（当時、西ドイツ）に四年ばかり住んでいたので、外国に住むのに抵抗感はなかったのだが、もう少し若ければ健康面の不安など考えたこともなかっただろう。

滞在していた間、識字率五〇パーセント以下などネパール社会の状況を考え、それでは小さな子どもたちに勉強ができる奨学金を出そうという考えに傾いた。一週間か一〇日くらい滞在して、子どもたちの様子を見に行くだけでいい。一緒に働いてくれるラクシュミ・シュレスタの協力を得られたのは嬉しい。

その後、一校から給食の援助がほしいと言われ、給食は数人だけに援助することはできず、全校生に何を提供できるかいろいろ考え、やっとコップ一杯のミルクとサモサ一個を週一回支援できるようになった。食べることは豊かな日本でも、大人も子どもも嬉しい。

給食は二〇一六年四月からはじめたばかりで、支援金が集まるか不安であるが、とにかく続けられるまで頑張ろうと思っている。貧しいながら、親たちが子どもの教育には気を遣っているのは喜ばしいことだ。

三十年前プラン・インターナショナル（一九三七年戦災孤児を保護したイギリス人の活動からはじまり、今では世界七〇か国以上で活動。国連に公認登録されたＮＧＯ）でフォスターペアレント（里親）になって、ネパールの男の子を支援し、はじめてネパールへ行った。学校と地域の様子を見学後、プロペラ機でエベレストなどを観光した。

その後一週間インドを旅行したが、インドでは小学生の子どもが観光地で絵葉書を買ってほしいとついてきた。私は学校へ行っているのだろうかと心配した。インド銀行で両替すると、穴の開いたお金をくれ、穴の開いた札は受け取れないと店で言われた。インドでは、立派な個人住宅がかなりあった。当時、事務所や住宅を見ると、ネパールはインドよりずっと貧しい感じがしたが、穴の開いた札をもらったこともなかったし、子どもの押し売りも見なかった。ネパールの人たちの真面目な生き方に、私はネパールが好きになった。

私は仕事を辞めたあと、ネパールの教育支援NGOを立ち上げ、細々とした活動であるが七年になろうとしている。その活動の様子を報告がてら、私の目から見たネパールの生活と文化の印象を描いた。ネパールを訪問するたび、同人誌「プライム」に滞在の様子を書き、今回かなり加筆したが、一部重なった表現があるかもしれない。

本をつくるにあたって、廣常睦子さんとラクシュミさん、島本眞知子さんが写真を提供してくださったりといろいろとお世話になりました。出版に関しては、㈱竹林館の左子真由美さんにお骨折りいただきました。深謝します。

二〇一六年十二月

後　恵子

後　恵子（うしろ　けいこ）

1945年生まれ。関西学院大学卒。英国オックスフォード大学、ドイツハンブルグ大学留学。大阪経済大学、神戸学院大学、神戸芸術工科大学、愛知工科大学、愛知大学などで教える。

翻訳児童文学「世界の子どもたち」、詩とエッセイ「プライム」主宰
HOPE JAPAN（NGO）代表

著　書：『ヨーロッパの生活と文化』／詩集『ファラオの呪い』『文字の憂愁』『レクイエム』『カトマンズのバス』
翻訳書：世界の子どもたちシリーズ(1)『風がわりなペット』、(2)『ゴゴば踊るラバ』、(3)『どうぶつのなる木』／『手回しオルガン弾き』（低ドイツ語訳詩集）／『秋の構図』（共訳）／*The Takeover*　ほか
編注書：Francis King, *Hard Feelings and Other Stories*, Francis King, *The Japanese Umbrella and Other Stories*, Jean Rhys, *Sleep It Off Lady, Kleines Deutsches Lesebuch*（共編注）

ネパールの生活と文化　── 教育支援（NGO）を始めて

2017年2月 1日　第1刷発行
2023年4月10日　第2刷発行
著　者　後　恵子
発行人　左子真由美
発行所　㈱ 竹林館
〒530-0044　大阪市北区東天満2-9-4　千代田ビル東館7階FG
Tel　06-4801-6111　Fax　06-4801-6112
郵便振替　00980-9-44593
URL http://www.chikurinkan.co.jp
印刷・製本　㈱ 国際印刷出版研究所
〒551-0002　大阪市大正区三軒家東3-11-34

ISBN978-4-86000- 351-7　C0095